삼일길

# 삼일길

김 현 지음

죄인 된 인간을 구원하기 위해 하나님께서 무엇을 준비하셨는가?

_______________ 님과

아브라함이 걸었던
삼일길을 함께 묵상하며
성자 예수님의 은혜,
성부 하나님의 사랑,
성령 하나님의 위로를
경험하길 소망합니다.

# 추천의 글

김현 목사님은 삼일길을 걸어갔던 아브라함의 마음과 눈물을 통해 우리를 향하신 그 풍성하고 놀라우신 하나님의 사랑과 마음을 소개하고 있습니다.

많은 사람이 오해하기 쉬운, 심지어 하나님을 치사한 분으로 오해할 수 있는 아브라함의 이야기를 저자는 풍성한 묵상과 깊이 있는 통찰을 통해 아들을 내어 주신 하나님의 다함 없는 사랑의 이야기로 우리를 인도하고 있습니다.

길 떠나기를 주저하는 이들, 길이 고되어 지쳐 있는 이들, 묵묵히 그 길을 걷고 있는 모든 이가 『삼일길』을 통해 하나님의 마음과 사랑을 깊이 알고 경험하여 끝까지 그 길을 걸어가게 되기를 소망합니다.

그리스도 안에 한 몸 된 교회가 함께 이 길을 걸어갈 수 있음에 행복합니다.

**이명규** | 선교사, 일본 도쿠시마 성도교회 담임목사

성경은 여러 믿음의 사람의 이야기를 통해 죄인 된 우리를 향한 하나님 아버지의 마음과 사랑을 들려주고 있습니다. 저자인 김현 목사님은 아브라함이 독자 이삭을 번제물로 드리기 위해 걸어가는 모습을 죄인들을 위해 당신의 독생자를 안고 우리에게로 오시는 하나님 아버지의 모습으로 보고 있습니다. 그렇다면 저자의 말처럼 구약은 하나님 아버지의 눈물로 쓰인 것이 맞을 것입니다. 하나님 아버지께서 독생자를 내어 주시기 전까지 그분이 어떤 마음이셨을지 독자들과 나누고자 하는 김현 목사님의 진심이 『삼일길』에서 느껴졌습니다.

『삼일길』의 책장을 넘기기 시작하면 아브라함의 믿음을 본받고자 하는 마음도 내려놓고, 하나님에 대한 오해도 내려놓고, 우리를 향한 하나님 아버지의 마음에만 집중하게 됩니다. 또한 이 책을 덮을 때쯤에는 읽은 모든 이가 하나님의 구속 역사에 기꺼이 쓰임 받길 소망하는 마음으로 가득할 것이 기대됩니다. 날마다 내가 그렇듯 그리스도인으로서 영성이 성장하기를 소망하는 많은 성도에게 『삼일길』을 추천합니다.

**김지연** | 영남신대 신학대학원 겸임교수

—

방송 일을 하다 보면 종종 연출자의 마음과 의도를 잘 이해하는 사람을 만날 때가 있습니다. 그런 분들과 작업을 하면 참 기쁘고 행복하게 일을 하게 됩니다. 『삼일길』에 등장하는 아브라함 역시 하나님의 마음과 의도에 맞는 믿음의 반응을 했던 사람이라 할 수 있을 겁니다.

우리는 하나님의 뜻을 다 이해하지 못합니다. 그러나 분명한 것은 하나님은 우리에게 선하신 아버지라는 사실입니다. 잘 이해되지 않아도 하나님께서 말씀하실 때 그분의 선하심을 신뢰하고 한 걸음 한 걸음 걷다 보면 우리를 향한 하나님 아버지의 마음을 깨닫게 될 것입니다. 그런 의미에서 아브라함은 죄인 된 우리를 얻고자 하시는 하나님 아버지의 마음이 얼마나 큰지 깨닫게 해 줍니다.

김현 목사님은 아브라함의 이야기를 통해 우리를 포기할 수 없어 독자까지 내어 주어야만 했던 하나님 아버지의 마음을 독백 형식으로 훌륭하게 써 내려갑니다.

『삼일길』을 읽는 내내 아브라함의 모습 속에서 나를 향한 그리고 이 땅에 죽어가는 당신의 자녀들을 향한 하나님 아버지의 사랑의 마음을 느낄 수 있어 가슴이 벅찼습니다. 오랜만에 무척이나 귀한 책을 만나게 된 거 같아 기쁘고 감사했습니다.

저와 같은 감동을 느껴보길 원하시는 모든 성도에게 일독을 강력하게 추천합니다.

**이상호** | SBS 생활의 달인 PD, 예능인방송인체육인선교회 회장

—

제가 CBS 「새롭게 하소서」에 출연해서 간증으로 나눴던 '밥 사주는 목사님' 김현 목사님의 세 번째 책인 『삼일길』로 인해 가슴이 두근거립니다.

오랜 신앙생활에도 예수님의 사랑이 와닿지 않아 답답하던 때에 우연히 읽게 된 김현 목사님의 첫 책 『복음의 문을 열고 사랑을 담다』에서 언급하신 아브라함의 삼일길을 통해 비로소 날 향한 예수님의 사랑을 알게 되고 눈물을 펑펑 흘렸었지요.

김현 목사님께서 『복음의 문을 열고 사랑을 담다』에서 못다 한 삼일길을 통한 하나님의 러브레터를 이번 책 『삼일길』로 건네주십니다.

자! 그 사랑에 함께 빠져보실까요?

**송재희** | 배우

—

어렵게 얻은 아이.

아이를 출산하고 바라보니

아브라함의 그 삼일길이 얼마나 고통스러웠을까…….

감히 상상이 가지 않습니다.

내 좁은 시야와 생각이 김현 목사님의 『삼일길』 속

아브라함과 하나님의 독백을 통해

하나님이 예비하신 나를 향한 그 크신 사랑을

친절하게 느끼게 됨에 감사합니다.

가슴 저미는 하나님의 사랑이

내 마음과 내 영을 울리는 그 감동이

『삼일길』을 통해 많은 분과 함께 누릴 수 있었으면 좋겠습니다.

**지소연** ㅣ 배우

—

하나님에 대해 알고 싶다는 마음이 처음으로 생겨날 즈음 사랑하는우리교회에서 김현 목사님을 만나게 되었습니다. 지금껏 궁금했던 부분부터 한 번도 생각해 본 적 없던 부분까지 깨닫게 되는 배움의 기쁨을 알게 되었습니다.

너무나도 무지한 저에게 늘 어렵기만 했던 성경을 알기 쉽게 설명해 주신 목사님 덕분에 조금씩 성경 속 인물들을 통해 하나님이 들려주시고 싶었던 사랑 이야기를 이해해가고 있습니다.

목사님께 처음 선물 받았던 책『복음의 문을 열고 사랑을 담다』가 지금껏 머릿속에 정리되지 않았던 부분이 정리되어 통쾌했다면,『삼일길』은 성경 속 아브라함의 이야기를 통해 하나님이 우리를 얼마나 사랑하셨는지 더 깊이 공감해 볼 수 있는 책이었습니다.

독백 형식으로 쓰인 덕분에 더 쉽게 몰입해 읽어나갈 수 있었고 아브라함이 바라본 삼일길과 하나님이 바라본 삼일길을 1, 2부로 나눠 따로 읽으니 하나님의 마음을 더 깊이 이해할 수 있었습니다.

특히 '하나님께서 좀 더 명확하게 말씀해 주셨으면……, 답장을 주셨으면……' 하는 경험이 있던 저에게 2부는 마치 하나님께 받은 편지 같아서 마음에 위로를 얻는 시간이 되었습니다.

사순절 기간 예수님께서 행하신 사랑과 하나님의 사랑의 마음을 깊이 묵상할 수 있는 귀한 책을 만난 것 같아 기쁘고, 하나님의 말씀이 어렵게 느껴지는 누군가에게, 혹은 하나님의 사랑을 절실히 느끼고 싶은 누군가에게 꼭 『삼일길』을 추천하고 싶습니다.

"너를 향한 나의 사랑을 다 몰라주어도 너를 구원하기로 한 내 선택에 후회는 없단다"라는 하나님의 말씀을 마음에 새기며 뭐든 끝까지 해낼 수 있으리라는 용기와 힘을 얻습니다. 『삼일길』을 접하는 모든 독자분도 하나님의 사랑과 은혜를 느끼는 소중한 시간이 될 수 있길, 그 시간을 통해 위로와 힘을 얻길 바랍니다.

**이가은** | 배우

# 목차

# 1부

# 아브라함의 삼일길

## 2부

# 하나님의 삼일길

# 감사의 글

언젠가 기회가 되면 '삼일길'이라는 책을 꼭 한번 써 보고 싶었습니다. 아브라함이 걸었던 삼일길의 여정을 통해 '누군가는 하나님 아버지의 사랑을 조금 더 깊이 경험하게 되지 않을까!'라는 생각 때문이었습니다. 그렇게 생각만 해 오다 10년이라는 시간을 훌쩍 넘겨 버렸습니다. 게으름과 반복된 늑장 속에서도 하나님은 '마음지기'라는 귀한 출판사를 만나 책을 낼 수 있게 해 주셨습니다. 돌아보니 마음지기 출판사는 특별한 스펙도 없는 저와 함께 『복음의 문을 열고 사랑을 담다』, 『가치Value』에 이어서 세 번째 책을 출간했습니다. 감사한 마음과 죄송한 마음이 교차하는 게 사실입니다. 『삼일길』을 출간할 수 있도록 함께해 주신 마음지기 출판사와 노인영 대표님께 진심으로 감사의 말씀을 꼭 전하고 싶습니다.

2018년 12월. 하나님은 분에 넘치는 귀한 만남을 주셨습니다. 여러 부분에 있어 준비가 부족했음에도 소중한 성도들을 보내 주셨고 그분들과 함께 사랑하는우리교회를 시작하게 되었습니다. 지금껏 성실하게 성도들을 양육하고 섬겨 왔다고 자부했는데, 막상 교회를 시작해 보니 한 영혼의 무게감

이 이전과는 다르게 다가왔습니다.

담임목사가 되기 전 섬겼던 성도들이 저에게 있어 처음 만난 조카처럼 사랑스러웠다면 담임목사가 된 이후 만나 섬기게 된 성도들은 결혼하여 얻은 자녀처럼 다가왔기 때문입니다. 하나님은 성도를 바라보는 저의 좁은 시각을 좀 더 귀하게 바꿔주셨습니다.

여러모로 연약한 저를 가장 귀하고 좋은 목사로 바라봐 주는 사랑하는우리교회 성도들은 저로 하여금 공부하게 하고 글을 쓰게 하는 가장 중요한

원동력입니다.

사랑하는우리교회 성도 여러분! 그대들은 저의 면류관과 같은 분들입니다. 제 삶에 들어와 주셔서 정말 감사합니다.

무엇보다 매번 원고가 나올 때마다 꼼꼼히 읽어 봐 주고 좋은 의견을 주시는 최진국 집사님과 배갑선 간사님께 감사드립니다. 바쁜 와중에도 글에 담긴 메시지가 잘 전달될 수 있도록 기꺼이 삽화를 그려준 김아린 집사님에게도 감사를 전합니다.

기쁜 마음으로 추천사를 써 주신 일본 도쿠시마에서 사역하는 이명규 선교사님, 에이랩 아카데미선교회 대표이며 영남신대 신학대학원 겸임교수인 김지연 교수님, '예능인방송인체육인선교회' 회장으로 영혼들을 섬기면서 SBS 방송국 PD로도 일하시는 이상호 집사님께 깊은 감사를 드립니다. 그리스도인의 아름다움을 가정과 연예계에서 삶으로 보여 주고 있는 배우 송재희 집사님과 지소연 집사님의 추천사 그리고 무척이나 사랑스럽고 귀한 배우 이가은 자매님의 추천사에 깊은 감사를 전합니다.

늘 기도해 주시는 아버지와 어머니, 그리고 사랑하는 장모님께 감사를 드립니다. 언제나 마음의 대화를 나누는 사랑하는 딸 하연이, 날마다 아빠 없이는 살 수 없다고 말하는 사랑스러운 둘째 딸 주연이, 아빠의 친구와 같은 막내아들 성연이, 너희는 아빠 마음에 위로와 쉼을 주는 하나님이 주신 선물과 같은 존재란다. 아빠의 딸 아들이 되어 주어서 감사해! 그리고 나의 가장 큰 쉼이 되는 아내 곽미례 사모님에게도 진심으로 감사를 전합니다. 당신은 누구보다 나를 잘 알고 가장 신뢰해 주고 내게 가장 큰 힘이 되어 준 제일 좋은 나의 친구입니다. 내 곁에 있어 주어서 진심으로 감사합니다.

지난 시간 함께했었고 지금 함께하고 있고 앞으로 함께하게 될 귀한 성도님 모두에게 감사의 마음을 전합니다. 그리고 사랑의 마음으로 기도해 주고 부족한 저의 글을 기다리고 있다고 말해 주며 응원해 주는 모든 분께도 깊은 감사를 전하고 싶습니다.

나의 사랑이요, 나의 주인이시오, 내 삶의 이유

와 목적이 되시는 사랑하는 삼위 하나님! 주님 때문에 제가 있습니다. 이 책을 통한 모든 영광은 다 삼위 하나님의 것입니다.

김 현 목사

# 여는 글

성경은 시간과 역사 속에서 우리 곁으로 조금씩 가까이 걸어 오신 하나님의 이야기이다. 하나님은 세상을 향한 당신의 마음을 여러 사건과 인물들의 삶을 통해 우리에게 들려주고 계신다. 성경에 등장하는 많은 인물은 저마다 그러한 하나님의 마음을 담고 있는 메신저라 할 수 있다. 많은 믿음의 사람이 각자의 인생을 통해 하나님이 어떤 분이신지 들려주고 있기 때문이다.

그 가운데 아브라함의 이야기는 죄인 된 인간을 구원하기 위해 하나님께서 어떤 일을 행하실지 가장 잘 표현한 사건 중 하나라 생각한다. 아브라함이 이삭을 바치는 이야기 속에 죄인 된 인간을 구원하기 위해 하나님께서 무엇을 준비하고 계시는지 그리고

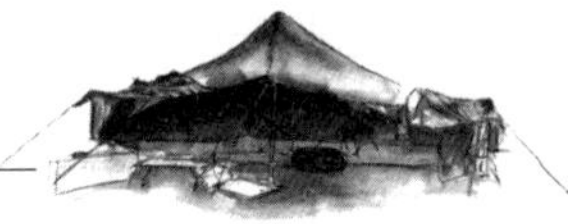

그것을 준비해 가시는 아버지의 마음이 어떠한지 매우 잘 드러나 있기 때문이다.

그런데 아브라함의 이야기를 잘못 이해하고 있는 사람이 주위에 많다는 생각이 든다. 왜냐하면 적지 않은 사람이 "아브라함아, 이삭이니 아니면 나니? 둘 중 하나를 선택해"라고 강요하는 하나님, 질투의 화신처럼 사랑을 확인받기 위해서라면 자녀의 생명도 달라고 할 수 있는 하나님으로 인식하기 때문이다. 어떤 이들은 줬다가 빼앗는 하나님으로, 또 어떤 이들은 독자 이삭을 번제물로 드리기까지 순종했던 아브라함의 믿음에만 집중하기도 한다. 가끔 잘못된 적용을 하는 사람들 가운데는 살짝 고개를 돌려 옆에 있는 자녀를 한번 바라보면서 "하나님, 저는 못 할 거 같습니다. 어휴, 자식을 바치는 일은 아브라함이니까 가능하지요"라고 하며 하나님에 대한 또 다른 오해만 갖고 이 사건을 덮어 두기도 한다. 물론 아브라함의 이야기를 통해 다양한 교훈을 얻을 수 있으리라 본다. 그러나 성경은 아브라함의 탁월한 믿음보다 우리를 향한 하나님의 사랑에 더 큰 무게를 두고 있다.

『삼일길』을 쓰게 된 이유는 크게 두 가지이다. 맨 처음 '삼일길'이라는 내용은 초신자들과 이제 막 신앙생활을 하는 사람들을 위해 필자가 썼던 첫 번째 책 『복음의 문을 열고 사랑을 담다』마

음지기에도 짧게나마 언급되어 있다. 그곳에 좀 더 깊이 나누지 못한 아쉬움 때문에 한 권의 책으로 나오게 되었다.

『삼일길』을 쓰게 된 또 다른 이유는 사순절 기간에 예수 그리스도의 고난과 죽으심 뿐만 아니라 그것을 생각하게 하시는 성령 하나님과 아들을 내어 주시는 성부 하나님의 마음이 어땠을지 함께 묵상해 볼 수 있는 책이 있었으면 하는 필자의 바람때문이었다.

매년 사순절이 다가오면 우리는 예수 그리스도의 고난과 죽음에 대해 묵상한다. 예수님께서 우리를 구원하시기 위해 고난받으시고 죽으신 것은 진리이다. 그러나 좀 더 정확히 말하면 우리를 구원하신 역사는 삼위 하나님의 작품이다. 삼위 하나님께서 우리를 구원하시는데 모든 일을 다 하셨다는 뜻이다. 반복된 사순절 기간을 보내면서 '아들 예수님의 죽으심과 더불어 그 아들을 내어 주시는 아버지 하나님의 마음은 어땠을까?'라는 생각을 자주 하게 되었다. 독생자 예수 그리스도를 우리에게 내어 주실 때 아버지 하나님의 마음이 어땠을지 가장 잘 표현해 주는 사건이 있다면 단연 아브라함이 독자 이삭을 드리는 사건이라 생각했다.

필자는 아브라함의 이야기 속에서 우리를 구원하시기 위해 성

부 하나님께서 어떤 일들을 행하셨고 또 그 일을 행하시는 과정 가운데 그분의 마음이 어떠했을지를 이야기하려고 한다.

필자는 이 이야기를 어떤 방식으로 써 내려갈지 고민했다. 설교든 글이든 그 메시지가 가장 잘 전달될 수 있는 방식이 각기 다르다고 생각하기 때문이다. 그래서 이 책을 서술식이 아닌 독백으로 써 내려가기로 했다.

이 책은 아브라함이 걸었던 삼일길을 1부와 2부로 나누어 소개한다. 1부에서는 삼일길을 걸으면서 아브라함이 느꼈던 고통스러운 마음과 갈등을 다루고 있다. 그리고 성경적인 해석을 근거로

---

모리아산에서 아브라함이 깨달았을 법한 내용을 그가 우리에게 들려주는 방식을 취했다. 이러한 방식이 조금은 어색해 보일 수도 있지만 아브라함의 개인적인 갈등과 그가 깨달은 것을 독자들에게 가능한 한 많이 들려주고 싶은 마음 때문이다.

2부에서는 아브라함이 걸었던 삼일길을 하나님의 관점에서 바라본다. 독자를 안고 하나님께로 걸어오고 있는 아브라함의 여정은 당신의 독자를 안고 우리를 향해 걸어오시는 하나님의 이야기이기 때문이다. 그러기에 더더욱 그분의 관점에서 다뤄 볼 필요가 있다고 느꼈다. 이 이야기는 어느 날 하나님께서 아브라함을

찾아오시면서 시작된다. 하나님은 아브라함에게 모리아 땅에 있는 산에서 독자 이삭을 번제물로 드리라고 말씀하신다. 아브라함은 하나님께서 이렇게 말씀하신 이유를 처음에는 다 이해하지 못했을 것이다. 그럼에도 그는 삼일 동안 아픔과 눈물을 삼켜가며 하나님과 약속한 장소로 향한다.

아무쪼록 이 책을 읽는 모든 독자가 아브라함이 걸었던 삼일길을 통해 성자 예수님의 사랑과 성부 하나님의 은혜, 그리고 성령 하나님의 위로를 경험하는 소중한 시간이 되었으면 좋겠다.

# 1부

# 아브라함의 삶의 길

# 뜻하지 않은 방문

"아브라함아!"

귀에 익은 목소리가 들린다. 하나님이 찾아오셨다. 그분의 방문은 매번 나를 설레게 한다. 왜냐하면 하나님은 나를 찾아오실 때마다 상상할 수 없는 축복의 선물을 가져 오시기 때문이다. 우상을 섬기는 집의 아들로 태어난 나를 어둠에서 건져낸 분도 하나님이셨고, 썩지 않을 하나님 나라의 복의 근원으로 선택해 준 분도 하나님이시다. 소돔과 고모라에 살던 조카 롯이 잡혀갔을 때 하나님과 함께 연합군을 이겼던 승리의 쾌감은 지금도 내 심장을 뛰게 한다.

지금 내 곁에서 기쁨과 웃음을 주는 아들 이삭도 하나님께서 나를 찾아오셔서 주신 복이자 선물이었다. 나를 택하신 분, 나를 복의 근원으로 삼아 주신 분, 내 삶의 이유와 소망이 되신 그분이 지금 나를 찾아와 또 한 번 내 이름을 부르신다. '이번에는 또 어떤 복을 주시려고 날 찾아오셨을까?' 나는 기대하는 마음으로 그분 앞에 서 있다.

그런데 이번 하나님의 방문은 예전과는 사뭇 분위기가 달랐다. 하나님의 목소리도 무거웠지만, 그분의 말씀을 들은 후 나의 마음도 너무 힘들었다. 하나뿐인 나의 아들 이삭을 당신께서 지정하신 모리아산에서 번제물로 드리라는 말씀만 남기고 떠나셨기 때문이다. 하나님은 아무런 설명도 없으셨다. 단지 약속 장소가 어디인지, 그리고 그곳에서 내가 무엇을 해야 하는지만 알려 주셨다.

"하나님, 저는 지금껏 주님의 말씀이라면 무엇이든지 순종하며 걸어왔습니다. 불완전할 때도 있었지만 그래도 몸부림치며 주

님께 순종하기 위해 살아온 것을 잘 아시지 않습니까! 본토 친척 아비 집을 떠나 하나님만 바라보며 이곳까지 걸어왔습니다. 사실 저에게는 쉽지 않은 선택이었습니다. 그런데도 하나님께서 말씀하시면 저는 늘 순종해 왔습니다. 그러나 하나님…… 너무나 송구스럽게도 하나님…… 지금의 말씀은 제가 순종하기에는 너무나 버겁기만 합니다."

내면 깊은 곳에서부터 이러한 생각들이 걷잡을 수 없이 터져 나왔다.

하지만 하나님은 나의 이러한 간절함에도 불구하고 침묵으로 일관하셨다. 이제 나는 하나님께서 말씀하신 약속의 장소로 이삭과 함께 갈것인지 아니면 그냥 이삭을 내 품에 그대로 둘지 결정해야만 한다. 깊은 번뇌와 반복되는 한숨……. 심장이 두근대고 정신이 나간 사람처럼 가만히 있지 못하고 이곳저곳을 왔다 갔다 하고 있다.

"당신 무슨 일 있나요? 여보, 여보?"

아내가 나를 부르는 소리도 귀에 들어오지 않았다. 나는 지금 아내의 말에 대답해 줄 힘도 마음의 여유도 없다. '번제에 쓸 나무를 준비해야 하나…… 나무가 어디에 있지…… 어떤 나무를 얼마나 준비해야 하나…….'

모든 것이 처음인 양 우왕좌왕하고 있다. 넋이 나간 채로 나무를 준비하고 있는 내 모습…… '내가 이 나무로 사랑하는 아들 이삭을 번제물로 드릴 수 있을까…… 이 나무에 내 아들의 몸이 한 줌의 재가 될 때까지 태울 수 있을까…….' 나는 나무를 준비하다 말고 벌떡 일어섰다.

"하나님, 아무래도 이건 아닌 것 같아요. 아니 이래서는 안 되는 것 같아요."

손에 들었던 나무를 내려놓은 채 멍하니 하늘을 바라보며 마음으로 소리쳤다. 그렇다. 지금 나는 정상이 아니다. 아무것도 모른 채 아버지의 일을 돕겠다며 곁에서 웃는 얼굴로 나를 바라보는 아들! 그 해맑은 아들의 얼굴과 달리 내 마음은 무너지고 있다. 그렇게 나는 일어났다 앉았다, 번제에 사용할 나무를 들었다 놨다를 반복하고 있다.

나의 이 마음을 아는지 모르는지 무심하게 태양이 지고 산 너머 저 멀리 붉은 노을이 눈에 들어온다. 나의 바람과 달리 달이 지고 아무 일 없었다는 듯 해도 떠오르고 있다. 그날만큼 어둠이 계속 내 곁에 머물러 주기를 바랐던 적도 없었던 것 같다.

순종하는 습관이 몸에 배어 있어서일까! 아침 일찍 하나님이 말씀하신 약속 장소에 가기 위해 짐을 꾸리고 있는 내 모습을 본다. 나 자신도 신기할 정도로 무언가 나를 강력하게 이끌고 있음을 느꼈다. 그렇게 나는 두 명의 종과 눈에 넣어도 아프지 않을 이삭과 함께 집을 나섰다.

얼마나 멍하니 걸어왔을까! 갑자기 나귀에 실린 나무가 눈에 띈다. 어제 하나님이 떠나신 후 어찌할 줄 몰라 안절부절못하던 내 모습이 주마등처럼 스쳐갔다. 무슨 정신으로 나무를 준비했는지 모르겠다. 번제를 위한 준비는 다 끝났는데 뭔지 모를 고통이 나를 짓누르기 시작했다. 번제물로 태워질 이는 아들 이삭인데 나 역시 함께 고통을 느끼고 있었다.

나의 생명과 아들의 생명은 이미 분리될 수 없을 만큼 연결되어 있었던 것이다. 어쩌면 나는 아들의 생명을 나의 생명보다 더 소중하게 여기고 있었는지도 모른다. 그래서였을까? 번제 때 사용하기 위해 준비한 나무는 삼일길 만이라도 내가 직접 지고 가고 싶었다. 마지막 모리아산에 오르는 그날 아들에게 나무를 지어주기 전까지 그것은 내가 짊어져야 할 아픈 나무였다.

하나님이 나를 찾아오신 이후부터 내 마음은 그 어느 때보다 괴롭고 힘들었다. 하지만 나는 지금 하나님께서 말씀하신 곳으로 가고 있다. 내 아들과 함께 거하던 즐거운 나의 집이 점점 우리 둘에게서 멀어지고 있다.

## 아브라함의 삼일길

하나님께서 말씀하신 모리아산은 삼일을 걸어야 도착할 수 있는 곳이다. '하나님은 왜 삼일이나 걸리는 곳까지 오라고 하셨을까…….' 정확한 이유는 나도 모른다. 분명한 것은 하루하루가 내게는 죽음보다 더 고통스럽다는 사실이다. 하나님을 향한 사랑과 신뢰로 결단하며 집을 나섰지만, 나의 독자 이삭을 번제물로 드린다는 것이 여전히 내게는 무섭고 고통스러운 일이었다. 나의 하나뿐인 아들 이삭과 함께 행복하게 지내던 우리의 집이 더는 보이지 않는다. 너무 멀리 와 버린 것이다. 이제는 돌아갈 수도 없다.

그렇게 두려움과 고통의 무게가 가득 담긴 생각의 짐을 안고 걷고 또 걷다 보니 어느덧 해가 지고 있었다. 첫째 날 밤, 차가워진 몸을 녹이기 위해 작은 모닥불을 피웠다. 그리고 말없이 빵을 나눴다. 한 조각의 빵을 떼어 아들에게 건넬 때 내 몸에 붙어 있는 또 하나의 생명이 떨어져 나가는 것만 같았다. 사랑하는 아들 이삭이 나를 바라보며 말을 건넨다.

"아버지도 빵 좀 드세요."

언제 봐도 사랑스러운 내 아들. 하나뿐인 내 독자 이삭. 나를 웃게 하는 유일한 존재. 이런 아들을 번제물로 드려야 한다니……. 그것도 내 손으로 직접……. 다시 집으로 돌아갈까?

"하나님, 한 번만 더 생각해 주시면 안 될까요? 하나님, 아무래도 사람을 잘못 고르신 것 같습니다. 저는 그렇게 믿음이 좋은 사람이 못 됩니다. 저와 아들을 다시 집으로 돌려보내 주시면 안 될까요? 그러면 거기서 더 열심히 예배하고 더 많은 것을 하나님께 드리며 살겠습니다. 이제 됐으니 그만 집으로 돌아가라고 말씀해 주시면 안 될까요?"

모닥불과 함께 타들어 가는 장작을 바라보며 하나님을 향해 한없이 흐느끼며 신음하고 있다.

너무나 고요한 밤이다. 그러나 내 마음의 풍랑은 점점 더 커지고 있다. 아들의 얼굴을 보면 볼수록 갈등과 번뇌가 내 영혼을 덮쳐버리는 것만 같다. 빵을 먹고 난 뒤 두 종은 잠이 들었다. 나귀도 온종일 짐을 지고 걷느라 힘들었는지 눈꺼풀이 무거워진다.

이삭과 함께 그가 처음 태어났을 때를 추억하며 잠시 이야기를 나누었다. 하지만 아들 녀석도 피곤했는지 이내 곧 내 품에 안겨 잠이 든다. 어둡고 붉게 충혈된 나의 두 눈에서 눈물이 흘러 두 뺨을 타고 내린다. 그 눈물이 내 품에 안겨 있는 아들의 몸으로 뚝뚝 떨어진다. 누군가 눈물샘 둑을 허물어 버린 걸까! 눈물이 걷잡을 수 없을 만큼 흐르고 또 흘러내렸다. 내 품에 잠들어 있는 아들을 바라보는 나의 눈물이 강물이 되어 흘러가는 것만 같았다.

그날 밤 내 곁에는 빛보다 어둠이, 기쁨과 웃음보다 슬픔과 고통이 더 가까이 있었다. 첫날 밤을 나는 그렇게 뜬눈으로 지새웠다. 그렇게 고통스럽기만 했던 어둠이 걷히고 기다리지도 않았던 새로운 해가 떠오른다.

둘째 날 아침, 우리는 마치 아무 일 없었다는 듯 하나님께서 말씀하신 약속의 장소로 다시 걷기 시작했다. 어제처럼 태양도 떠올랐고 하늘도 평소처럼 푸르기만 하다. 두 종 역시 잠을 잘 자서인지 힘 있게 앞서 걷고 있다. 아들 이삭도 나를 바라보고 환하게 웃는다. 하지만 내 마음은 아직 어둠이다. 내 영혼을 짓누르는 어둠이 흐르고 흘러 내 발에 밟히는 이름 모를 푸른 빛을 띤 풀들을 시들게 만들어 버렸다. 나의 발걸음은 그렇게 짙은 어둠으로 무겁기만 하다.

밤새 나 혼자만 외롭고 또 슬펐고 괴로웠다. 지금 이 시간 하늘 아래 가장 고통스러운 사람은 나 혼자인 것만 같았다. '끝까지 갈 수 있을까…….' 또 한 번 깊은 한숨이 터져 나온다. 어제보다 발걸음이 더 무겁기만 하다. 아들과 이별할 시간이 더 가까워졌기 때문이다. 두 명의 종과 아들 사이에서 유일하게 나만 홀로 느끼고 있는 이 고통을 누가 이해할 수 있을까?

그렇게 시간이 흘러 둘째 날 밤이 찾아왔다. 어젯밤과 다를 것은 없었다. 나의 마음이 어제보다 더 새까맣게 타 있었다는 것 외에는…….

모닥불을 피우고 빵을 나누고 두 명의 종은 잠을 청했다. '나도 저들처럼 평안히 잘 수 있다

면 얼마나 좋을까?' 나는 잠들어 있는 나의 아들 이삭을 끌어안고 그가 깨지 않을 만큼 울부짖으며 소리치고 있었다.

"사랑하는 아들아, 사랑하는 아들아……."

깊이 잠들어 움직이지도 않는 아들은 흡사 죽어 있는 듯했다. 나는 내 아들이 이렇게 깊은 잠이 들도록 번제물로 드려야 한다. 또다시 감정이 복받쳐 온다. 그날 밤도 나는 눈물로 밤을 새웠다. 잠을 잘 수가 없었다. 아니 잠을 자면 안 되었다. 왜냐하면 아들과 함께할 수 있는 시간이 얼마 남아 있지 않았기 때문이다.

이른 아침, 잠을 깬 아들은 나의 슬픈 눈을 보았는지 걱정 어린 눈빛으로 "아버지, 괜찮으세요?"라고 물었다. 아들에게만은 들키고 싶지 않았지만 슬픔과 눈물로 찌들어 버린, 그리고 붉고 어둡게 충혈되어 버린 두 눈을 숨길 재주가 없었다.

## 유일하게 고통을 느끼는 사람

나는 혼자 걷고 있지 않았다. 내 곁에는 충성된 종들과 사랑하는 아들이 함께 걷고 있었기 때문이다. 하지만 삼일길의 여정 속에서 유일하게 고통을 느끼고 있는 사람은 나뿐이었다. 빵을 먹어도 목이 메고, 모두가 편히 잠든 평온한 밤에도 잠을 잘 수 없었던 사람 역시 나 혼자였다. 멈추지 않는 슬픔과 눈물로 인해 붉게 충혈된 두 눈을 가진 사람도 나였고, 두 눈 밑에 검은 그림자가 깊이 새겨진 유일한 사람 역시 나였다. 하염없는 눈물로 목이 메

고, 세상 가운데 가장 슬프고 고통스럽다고 느끼는 사람 역시 나였다.

'모두가 행복한데 왜 나만 이렇게 고통스러울까…….'

그것은 지금 우리가 어디를 향해 가고 있는지, 그곳에서 무슨 일을 해야 하는지 나밖에 모르기 때문일 것이다. 다른 이들이 보지 못하는 앞날을 보고 있고 또 알고 있다는 것은 그들이 경험할 수 없는 고통을 홀로 느끼고 있다는 의미가 아닐까? 내면의 갈등과 피할 수 없는 현실의 고통을 오가며 그렇게 나는 조금씩 피폐해져만 가고 있다.

같은 시간, 같은 환경에 있지만 분명한 것은 지금 나는 홀로 고통의 터널을 지나가고 있다. 그리고 번제물로 드려질 이삭보다 나 자신이 먼저 천천히 죽어가고 있는 것만 같았다. 그런데도 나는 걷고 또 걷고 있다. 힘들고 괴로운 상황에서도 계속 걷고 또 걸어갈 힘은 도대체 어디서 나오는 걸까…….

어쩌면 어젯밤 하염없이 울고 있던 내게 하나님의 성령이 약속의 말씀을 생각나게 해 주셨기 때문이 아닐까 싶다. 그분은 수많은 의문과 고통 속에서 신음하는 내게 "너의 후손은 다른 이가 아니라 바로 이삭을 통해서 이어질 것이다"라는 약속의 말씀을 떠올려 주셨다창 21:12. '그래! 하나님은 거짓말을 하시는 분이 아니다. 그런데 이삭을 죽이면 그 말씀이 어떻게 이루어진다는 말인가! 그렇다면 하나님은 아들 이삭을 다시 살려주시겠다는 걸까? 지금껏 사람이 죽었다가 살아난 일이 있었던가? 그래도 하나님이라면, 약속한 말씀은 반드시 이루시는 신실한 하나님이라면, 죽었던 나와 내 아내의 몸에서도 생명을 주신 전능한 나의 하나님이라면 가능하지 않을까?'

> "그가 하나님이 능히 이삭을 죽은 자 가운데서 다시 살리실 줄로 생각한지라 비유컨대 그를 죽은 자 가운데서 도로 받은 것이니라" _히브리서 11:19

나는 하나님이 주셨던 약속의 말씀을 반복해서 묵상하며 실낱같은 기대감을 갖고 걸어가고 있었다. 그러나 그 기대감과 믿음이 고통이라는 통증까지 가져가지는 못하는 모양이다. 왜냐하면 나는 여전히 아픈 통증을 느끼고 있기 때문이다.

왼쪽 가슴이 아프다. 숨이 잘 쉬어지지도 않는다. 반복해서 가쁜 숨을 내쉬고 큰 한숨을 내쉬어도 가슴이 너무나 답답하다. 하늘을 봐도 땅을 봐도 현기증이 날 만큼 어지럽다. 머리부터 발끝까지 정상인 것은 하나도 없다. 온종일 눈물을 훔치고 그 눈물 자국 숨기기를 반복하며 걷고 또 걸었다.

나의 이런 아픔과는 상관없이 해가 지고 있다. 나의 능력과 간절함으로 붙잡아 둘 수 없는 것들이다. 불가능하다는 것을 알면서도 나는 '해야, 제발 멈춰다오'라며 또 한 번 속으로 소리쳐 본다. 하지만 그렇게 오지 않았으면 하는 삼일길의 마지막 밤이 결국 와 버렸다.

'하나님의 말씀에 순종하기 위해 여기까지 오다니…….'

내가 한 행동에 대해 누구보다 나 자신이 놀

라고 있었다.

마지막 셋째 날 밤 역시 나는 잠을 이루지 못했다. 내일 아침이면 이제 나의 기쁨이었던 독자 이삭과 얼마가 될지 모를 시간 동안 이별을 해야 하기 때문이다. 삼일길이 처음에는 멀어 보였다. 그런데 마지막 날 밤이 되자 하나님께 이렇게 기도하고 있는 나를 발견하게 되었다.

"하나님, 힘들어도 좋으니 아들과 좀 더 걸을 수 있게 모리아산보다 먼 곳으로 약속 장소를 바꿔 주시면 안 될까요? 그것도 아니면 삼일길을 더 연장해 주시면 안 될까요? 그곳이 세상 끝이어도 좋습니다. 더 오랜 기간 제가 아들을 데리고 가면 안 될까요? 그렇게 함께 걷다가 제가 먼저 죽어도 괜찮습니다. 아들 이삭과 조금만 더…… 독자 이삭과 조금만 더 있으면 안 될까요?"

나의 기도는 처절했다. 해가 지기 전에는 '해야, 멈추어 다오!'라고 소리쳤는데, 이제는 '어둠아, 내 곁에 계속 머물러 다오!'라고 외치고 있다.

집을 나서기 전부터 조금씩 타버린 나의 마음은 어느덧 한 줌의 재가 되어 버린 듯했다. 재만 남은 번제물처럼……. 잠도 자지 못하고 걸어왔던 슬픔과 아픔의 삼일길은 아들 이삭이 아닌 내가 먼저 죽는 시간이었다. 지난 여정을 생각해 보니 삼일길은 아들 이삭보다 아비인 내가 먼저 번제물로 드려지는 시간이 분명했다. 어쩌면 이는 당연할지 모른다. 아들을 번제물로 죽여야 하는 아비의 마음이 살아있을 수는 없으니까…….

이삭보다 내가 먼저 번제물로 드려지는 시간, 내가 먼저 드려져야만 내 품에 두고 싶은 아들을 하나님께 내어 드릴 수 있는 시간, 그 시간이 내게는 삼일길이었다.

고통의 밤에도 내 마음의 여러 갈등과 생각은 멈추지 않고 있다.

## 당신의 독자를 데리고 먼저 와 계신 하나님

내가 직접 쪼개고 또 마음으로 지고 왔던 나무를 아들 이삭에게 지우는 순간이 오고 말았다. 삼일간 아들을 대신해 짊어지고 왔던 나무를 아들의 등에 지워줄 때 심장이 철렁하고 내려앉는 것 같았다. 이제 아들 홀로 짊어지고 가야 한다.

나의 아들…… 내 사랑하는 독자 이삭이 자기를 번제물로 태울 나무를 등에 짊어진 채 걷고 있다. 나는 이제 이러한 아들을 위해 해 줄 수 있는 것이 아무것도 없다. 그저 물끄러미 바라보는 것 외에는……. 그런 아들을 보지 않으려고 다른 곳으로 시선을 피해 보지만 이미 터져버린 눈물을 막을 수는 없었다.

“하나님, 저 나무를 제가 계속 짊어지면 안 될까요? 아들의 등에 지워진 나무를 보는 것이 이렇게 아프고 고통스러운지 몰랐습니다. 차라리 제가 지면 안 될까요?”

아들 등에 짊어진 나무를 당장에라도 빼앗아 대신 지고 싶은 마음이다. 처음에는 저 나무를 내가 지고 삼일길을 걷는 것이 참으로 고통스러웠다. 아들을 번제물로 드릴 때 사용할 나무를 아비인 내가 직접 준비하고 그것을 짊어지고 간다는 사실이 내 어깨를 더욱더 무겁게 짓누르고 괴롭게 했다. 그런데 지금 내 아들이, 내 아들 이삭이 내가 보는 눈앞에서 내가 준비한 나무를 등에 짊어지고 걸어가고 있다. 자기가 죽어야 하는 곳을 향해서 말이다.

내 어깨에 들려진 것은 이제 아무것도 없다. 삼일간 짊어지고 왔던 나무를 아들이 대신 지고 가고 있기 때문이다. 그런데…… 그런데…… 나는 지금 왜 더 큰 무거움을 느끼고 있는 걸까! 나는 또다시 하나님께 마음으로 부르짖었다.

"하나님, 제가 대신 짊어지면 안 되나요? 정말 제가 대신 짊어지면 안 될까요?"

하나님은 여전히 침묵하셨다. 아들이 알아채지 못할 만큼 목 놓아 통곡하며 모리아산에 올라가고 있다. 나무를 짊어진 아들과 함께 말이다.

그렇게 아픈 마음으로 모리아산 정상에 도착했다. 정상에 도착한 나는 아들을 결박하기 시작했다. 그때 이삭은 더는 내 아들이 아니라 하나님께 드릴 번제물이었다.

> "도수장으로 끌려 가는 어린 양과 털 깎는 자 앞에서 잠잠한 양 같이" _이사야 53:7

나의 아들은 늙은 아비 손에 자신을 순순히 내어 맡기고 있었다. 나의 아들 이삭은 작은 몸을 움츠리며 자기가 죽을 것을 알면서도 늙은 아비에게 반항조차 하지 않고 있다. 나의 아들은 그런 아들이다. 그 아들을 지금 내가 어설픈 몸짓으로 결박하고 있다. 그리고 준비한 날카로운 칼을 집어 들었다. 아들은 두 눈을 감고 추위에 몸을 움츠리듯 파르르 떨고 있었다. 그런 아들의 온몸으로 나의 땀과 눈물이 떨어지고 있었다.

"하나님, 주께서 주신 주님께 속한 제물입니다"라고 외치며 칼을 들어 올렸을 때 하나님은 칼을 집어 든 나의 손을 황급히 잡아채셨다.

순간 나의 몸은 마비가 된 듯 움직일 수 없었다. 그리고 다급하게 "그 아이에게 네 손을 대지 말라 그에게 아무 일도 하지 말

라"창 22:12는 소리가 들렸다. 내 평생 하나님께서 그렇게 다급하게 소리치시는 것을 들어 보지 못했다.

천사가 굳어 버린 나의 손을 벌려 칼을 빼냈다. 무척이나 생생하게 보이는 장면이 현실인지 영의 세계인지 구분이 안 될 정도였다. 마치 그 경계에 서 있는 것만 같았다. 온몸에 힘이 빠졌고 나는 그대로 주저앉아 버렸다.

하나님은 "네가 네 아들 네 독자까지도 내게 아끼지 아니하였으니 내가 이제야 네가 하나님을 경외하는 줄을 아노라"창 22:12고 말씀하시며 눈을 들어 뭔가를 보게 하셨다.

수풀 한가운데 있는 양이었다. 그 숫양은 나뭇가지에 뿔이 엉켜 꼼짝달싹하지 못했다. 순간 나도 모르게 "하나님이 준비하신 양이다"라고 소리쳤다. '하나님은 번제물로 사용할 양을 이미 준비하고 계셨구나'라는 생각을 하니 온몸에 전율이 흘렀다. 하나님의 성령께서 나의 눈과 지각을 열어 주셨고 그제야 하나님께서 이 모든 시험을 내게 허락하신 이유를 알게 되었다. 그때 나는 분명히 보았다. 하나님께서 인류를 위해 당신의 독자를 준비하고

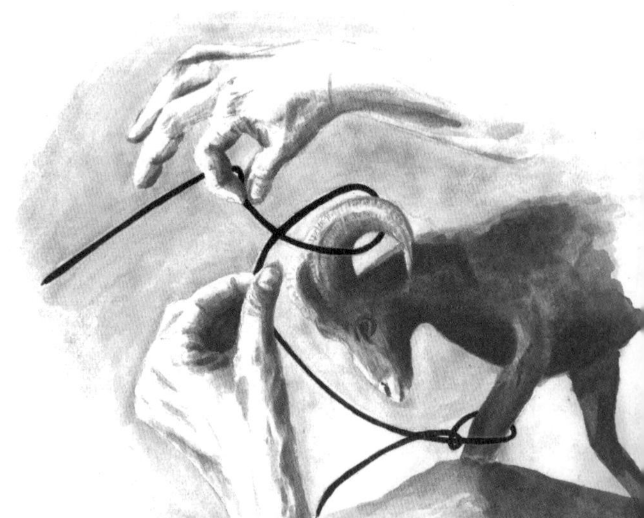

계신다는 사실을 말이다.

> "너희 조상 아브라함은 나의 때 볼 것을 즐거워하다가 보고 기뻐하였느니라" _요한복음 8:56

독자 이삭을 데려오라고 하신 하나님의 명령에 따라 약속의 장소에 왔는데 하나님은 나보다 먼저 와 계셨다. 그분은 당신의 독자를 데리고 나보다 먼저 모리아산에 와 계셨던 것이다.

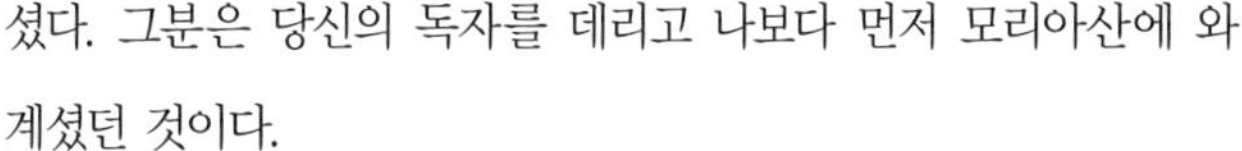

'하나님도 당신의 독자를 데리고 오셨다니…….'

당신의 독자를 데리고 여기까지 오실 때 하나님의 마음이 어땠을지 나는 조금은 알 수 있었다. 순간 나는 본능적으로 그분의 눈에 시선이 쏠렸다. 나는 그곳에서 하나님의 얼굴을 보았다. 인간을 창조하신 후 우리와 함께 고통이라는 낯선 경험을 하고 계시는 하나님! 그분의 두 눈은 붉고 어둡게 충혈되고 부어 있었다.

나에게만 고통스러운 삼일길인 줄 알았다. 그리고 나만 홀로 삼일길을 지나 약속 장소에 왔다고 생각했다. 그런데 하나님도 삼일길을 걸어 내가 있는 곳으로 오셨던 것이다. 나는 나의 독자를 데리고, 하나님은 하나님의 독자를 데리고…….

독자를 데리고 약속의 장소에 오셨을 때 아비의 마음이 어땠을지 나는 성경의 어떤 인물보다 더 많이 경험했다고 감히 말하고 싶다. 죄인 된 우리를 다시 살리시기 위해 독생자를 데리고 오셔야 했던 하나님 아버지의 마음. 그분 역시 나와 똑같이 나무를 쪼개어 아들에게 지워주기 전 당신께서 그 나무를 먼저 짊어지셨을 텐데……. 약속의 장소에 먼저 도착하여 숫양을 결박했을 때 하나님 아버지는 내가 아들 등에 나무를 지워주고 그를 결박했을 때 느꼈던 것과 같은 고통을 분명 느끼셨으리라.

얼마나 많은 눈물을 흘리셨을까!

얼마나 많이 아프고 고통스러우셨을까!

영광스럽게도 나는 이곳에서 하나님께서 죄인 된 우리를 살리시기 위해 어떤 일을 행하실 것이고, 또 그 일을 누구를 통해서 하실지 보게 되었다.

"너희 조상 아브라함은 나의 때 볼 것을 즐거워하다가 보고 기뻐하였느니라" _요한복음 8:56

우리를 향한 하나님의 사랑이 당신의 독생자까지 준비케 한 것을 보게 된 것이다. 하나님은 독생자를 자신의 품에 계속 두지 않으시고 우리에게 내어 주실 것이다. 그리고 당신의 독생자 등에 나무를 지워주며 그 일들을 진행하실 것이다. 독생자를 나무에 매달아 움직이지 못하게 하신 이후 이 모든 일을 반드시 행하시고야 말 것이다.

그렇다. 하나님께도 삼일길이 있었다. 독생자를 나무에 매달기 전까지의 모든 시간이 하나님 아버지께는 삼일길이었던 것이다. 하나님은 나보다 먼저 그리고 더 오랜 기간 동안 고통의 시간을 지나오셨다. 하나님은 나보다 더 많은 눈물을 흘리며 걸어오셨다. 감히 고백하건대 조금이나마 하나님의 아픔과 눈물을 경험할 수 있었음이 내 인생에 이토록 행복하고 감사로 다가올 줄 몰랐다. 이 시간이 나에게는 시험이 아니라 하나님 아버지의 깊은 마음을 만나는 예배의 시간이 되었다.

"내가 아이와 함께 저기 가서 예배하고 우리가 너희에게로 돌아 오리라" _창세기 22:5

하나님이 데려오신 독자! 약속 장소에서 나를 기다리고 계신 하나님의 독자를 보는 순간 하나님의 성령은 이 모든 것을 깨닫게 해 주셨다. 하나님께서 나를 구원하기 위해 내 곁으로 다가오시는 그 시간이 그분에게도 삼일길이었다는 것을…….

## 아브라함이 아니라 하나님이셨다

이삭을 데리고 모리아산 정상에 도착한 나는 당신의 독자를 데리고 먼저 와 기다리신 하나님을 만났다. 그리고 그곳에서 번제로 드려질 제물은 애당초 이삭이 아니었음을 알게 되었다. 왜냐하면 모리아산 정상에서 하나님이 받기 원하셨던 제물은 나의 독자가 아니라 하나님의 독자였기 때문이다.

나와 이삭은 모리아산 정상에 올라가기 전까지 이미 번제물로 드려진 것이나 다름이 없었다. 그래서였을까? 하나님은 나의 독자가 아닌 당신의 독자만 번제물로 삼으셨다. 어쩌면 하나님은 인류를 구원하기 위해 독자를 내어 주셔야만 하는 당신의 사랑과 아픈 마음을 부족한 내게 잠시나마 체감할 기회를 주셨던 것 같다.

나는 잃었던 아들을 다시 품에 안고 내려왔다. 그런데 하나님은 그곳에서 돌아가려고 하지 않으셨다. 하나님은 그곳에서 아직 해야 할 일이 남아 있었기 때문이다. 바로 당신께서 준비한 독자를 우리를 위해 내어 주는 일이었다.

나와 이삭은 내려왔는데, 하나님은 내려오지 않으셨다. 아니 어쩌면 하나님은 그곳에서 내려오실 수 없었는지도 모른다. 하나님은 그곳에서 우리를 구원하기 위해 사랑하는 독자를 십자가에서 죽여야만 했기 때문이다.

하나님을 위해 나의 독자를 드려야 한다고 생각했는데 하나님께서 우리를 위해 친히 당신의 독자를 준비하셨고, 또 준비한 독생자를 죽게 하신 것이다.

어쩌면 우리가 하나님께 보여 드리는 신앙이 모두 이런 식이 아닐까 생각해 본다. 우리는 시늉만 하고 우리의 아버지 되신 하나님이 모든 것을 다 하시는 것 말이다. 우리가 순종하는 시늉만 해도 하나님은 우리의 작은 믿음을 아름답게 여겨 주신다.

삼일간 나는 이삭을 번제물로 바치려는 시늉만 했을 뿐 실제로 드리지는 않았다. 그런데도 하나님은 내게 상상을 초월한 복을 주셨다. 하나님께서 내게 주신 복에 비하면 내가 그분께 보여 드린 신앙 고백은 너무나 작다.

그렇게 하나님의 사랑이 나를 감싸고 있는 동안 하나님은 내게 당신께서 준비하신 숫양을 잡으라고 하셨다. 하나님은 번제물로 드려져야 할 존재를 이삭이 아닌 당신이 준비한 숫양으로 대신하셨다. 그리고 하나님께서 준비한 양을 친히 내 손으로 잡게 하셨다. 나의 독자 대신 하나님의 독자를 그분은 나의 손으로 잡게 하셨다.

우리의 무지함과 어두운 죄가 하나님이 친히 독자를 준비하시게 했다. 또 죽음으로 갚아야 하는 우리의 죄가 하나님의 독자를 내어 주지 않으면 안 되게끔 했다. 모순처럼 들릴지도 모르지만, 하나님의 어린양을 죽인 자만이 그분의 은혜를 경험할 수 있다. 하나님께서 우리를 위해 독생자를 주신 것이 우리의 죄 때문이라면 그분은 우리를 위해 죽으신 것이고 우리가 독생자를 죽인 것이다.

나는 하나님께서 친히 준비하신 양을 잡으면서 나 대신 당신의 독자를 내어 주시고, 또 온 인류를 위해 기꺼이 독자를 내어 주실 만큼 우리를 원하고 사랑하시는 하나님 아버지의 사랑을 경험하게 되었다.

'하나님이 나와 내 독자를 위해 당신의 독생자를 주시다니…….'

> "하나님이 세상을 이처럼 사랑하사 독생자를 주셨으니 이는 그를 믿는 자마다 멸망하지 않고 영생을 얻게 하려 하심이라"
> _ 요한복음 3:16

하나님은 그렇게 나를 사랑하셨다. 그리고 나의 손에 하나님의 독자를 내어 주심으로 하나님의 아픔과 눈물을 경험하게 하셨다. 독자를 내어 줄 만큼 우리를 포기하지 못하시는 그분의 사랑을 보게 하시고 또 하나님께서 당신의 독생자를 내어 주셔야 할 만큼 우리의 죄가 무겁다는 것을 깨닫게 하셨다.

나는 오늘의 이 기억과 이곳에서 울부짖던 숫양의 소리를 잊을 수 없을 것이다. 내가 독자 이삭과 함께 모리아산 정상을 내려왔을 때 하나님은 그곳에서 다 타버리고 재만 남은 독자의 주검 앞에서 목 놓아 우셨으리라……. 하늘도 울고, 땅도 울고, 온 만물이 함께 울었던 그날! 나의 창조주 하나님이 처음으로 그렇게 목 놓아 우시던 그날을 나는 앞으로도 영원히 잊을 수 없을 것이다.

하나님은 장차 이곳에 성전을 세울 것이고 당신의 독생자를 나무에 매달아 온 인류의 구원을 완성하실 것이다. 하나님께서 당신의 독자를 데려와 내게 보여 주신 아름다운 역사를 나는 그렇게 눈물과 콧물이 범벅이 된 채 걸었던 삼일길의 여정을 통해 경험하는 영광스러운 기회를 얻게 되었다.

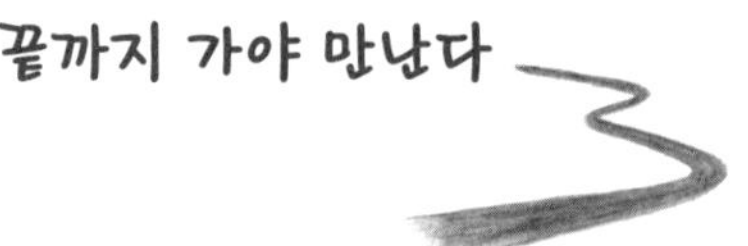

# 끝까지 가야 만난다

꿈을 꾼 것 같은 삼일이라는 시간이 지나고 나는 지금 집에 돌아와 있다. 그리고 사랑스러운 나의 아들 이삭도 환한 얼굴로 엄마 사라와 행복한 시간을 보내고 있다.

집에 돌아온 나는 그날의 충격적인 사건을 잊을 수 없었다. 그리고 다시금 그 시간을 떠올리며 묵상해 보았다.

'만일 내가 삼일길을 걸어 모리아산 정상까지 가

보지 않았다면 어떤 일이 벌어졌을까!' 생각만 해도 아찔하다. 내가 삼일길을 걸어 하나님께서 말씀하신 약속 장소에 가지 않았다면 나는 평생 하나님에 대해 오해하며 살았을지도 모른다.

'하나님은 내게 너무나 무리한 것을 요구하시는 분이다.'

'하나님은 줬다가 마음이 틀어지면 시험이라는 명분으로 다시 뺏으시는 분이다.'

'혹 내가 소중하게 여기는 또 다른 것을 하나님이 달라고 하시면 어떡하지?'

하지만, 이러한 나의 작은 오해와 하나님에 대한 왜곡된 생각들은 모리아산 정상에서 안개처럼 사라져 버렸다. 끝까지 가서 하나님이 내게 어떤 분이신지 분명히 보고 경험했기 때문이다.

사랑하는 믿음의 지체들이 얼마나 많이 하나님을 오해하며 살아가고 있는지 모른다. 나는 그것이 너무나 안타깝다. 이유가 뭘까? 가장 큰 이유 중 하나는 말씀이 요구하는 곳, 그곳을 끝까지 가본 경험이 없기 때문은 아닐까? 만일 내가 힘들고 이해가 되지 않는다는 이유로 하루 만에 돌아와 버렸거나, 혹은 이틀 또는 삼일길을 갔다가 중도에 포기하고 돌아와 버렸다면 나 역시 평생을 하나님에 대한 오해를 안고 살았을지 모른다.

그리고 다른 이들보다 조금 더 걸어가 본 것을 자랑하며 교만하게 살았을지도 모르겠다. 집에서 아예 움직이지도 않았던 자, 혹은 하루를 갔다 온 자, 이틀 삼일 그리고 모리아산 초입 이렇게 다 갔다 온 다섯 부류의 사람들이 있다고 가정해 보자. 누가 가장 교만할 것 같은가?

이들의 공통점은 모두 끝까지 가지 못해서 목적지에서 기다리고 계시는 하나님을 만나지 못했다는 것이다. 약간의 차이가 있다면 누가 좀 더 많이 갔다 왔느냐인데, 아예 출발도 못 한 사람은 자신의 믿음 없음을 겸손히 인정이라도 하지 않을까 싶다. 그런데 모리아산 초입까지 갔다가 돌아와 버린 사람은 나머지 네 부류의 사람보다 더 멀리 갔다 왔다는 이유로 상대적인 교만의 늪에 빠질 가능성이 더 크지 않을까? 사실 다섯 부류 모두 말씀이 요구하는 약속의 장소까지는 가보지 못한 자들이다. 그런데 다른이 보다 조금 더 가보았다는 이유로 그것을 신앙의 무용담으로 여긴다.

끝까지 가보라. 끝까지 가야 하나님을 만날 수 있다. 끝까지 가봐야 그곳에서 하나님이 어떤 얼굴로 나를 기다리고 계시며, 또 나를 왜 그곳으로 부르셨는지 알 수 있다. 그리고 그렇게 한번 갔다 와 보면 다음 약속 장소도 끝까지 가볼 수 있는 믿음이 생길 것이다. 하나님께서 이삭을 요구하시면서 내게 삼일길을 걷게 하셨을 때 그 시간이 나에게 얼마나 고통스러웠겠는가! 그러나 삼일길을 걸어서 끝내 그곳에 도착해 하나님을 만나 본 그 경험은 또 다른 약속의 장소에도 기꺼이 갈 수 있게 하는 하나의 원동력이 되었다. 이것은 말씀이 요구하는 목적지까지 가본 자만이 이해할 수 있는 영역이리라.

# 2부

# 하나님의 삶의 길

# 힘들 때 가장 먼저 생각나는 친구

아담이 범죄했을 때부터 아니 그 전부터 나 스스로 다짐한 것이 있었단다. 그 다짐은 어떠한 일이 있더라도 내가 창조한 나의 사람들을 지키고 보호하겠다는 것이었지. 나 스스로 그렇게 결정한 이유는 창조주인 내가 피조물인 너희를 사랑하기로 결심했기 때문이란다. 너희를 향한 나의 사랑은 완전했지만, 나를 향한 너희의 사랑은 매번 온전하지 못했단다. 그래도 나는 너희를 향한 나의 사랑을 포기할 수는 없었다.

시간이 흘러 그렇게 죄악으로 세상이 가득 채워져 갈 때쯤 나는 내 친구 아브라함이 있는 집으로 찾아간 적이 있었다. 당시 소돔과 고모라의 죄악이 너무 커서 가만히 있을 수 없었다.

나는 심판을 즐겨 하는 하나님이 아니다. 오히려 인간의 죄로 인해 가슴 아파하는 하나님이지. 그때에도 너무나 고통스러웠던 나는 곧장 소돔과 고모라로 향할 수 있었지만 그렇게 하지 않았다. 오히려 누군가가 나를 붙잡아 주기를 바랐었지. 그래서 그렇게 해 줄 수 있는 사람을 간절히 찾고 또 찾았단다. 그러다 아브라함의 집에 나의 시선이 머물게 되었고 나는 그렇게 아브라함이 있는 곳으로 가게 된 것이다.

그리고 아브라함에게 내가 왜 찾아 왔는지 다 말해 주었다. 아브라함은 내 아픈 마음에 함께 공감해 줄 거라 기대했기 때문이다. 아브라함은 기대를 져버리지 않고 나의 아픔을 함께해 주었다. 심판을 이야기하는 내 얼굴을 바라보며 "의인 50명만 있으면 심판하지 않으시겠습니까?"라고 당당히 묻더구나! 나에게는 그의 질문이 당돌해 보인 것이 아니라 나를 향한 사랑으로 들렸단다. 나는 즉각 그의 제안을 받아들였고 마음 속으로 이야기했다. '아브라함아, 더 줄여 보아라. 조금 더…….'

나의 마음의 소리를 듣기라도 한 듯 아브라함은 45명, 40명, 30명, 20명, 10명까지 나에게 제안해 왔지. 나의 마음은 무척이나 기뻤단다. 비록 악인이라 해도 나는 그들이 죄악에서 돌이켜 죄와 멀어지는 것을 기뻐하는 하나님이니까.

> "주 여호와의 말씀이니라 내가 어찌 악인이 죽는 것을 조금인들 기뻐하랴 그가 돌이켜 그 길에서 떠나 사는 것을 어찌 기뻐하지 아니하겠느냐" _에스겔 18:23

하지만, 소돔과 고모라성 안에는 의인 10명이 없었단다. 죽어가는 소돔과 고모라를 바라보면서 첫 사람 아담이 범죄했을 때 인류를 향해 했던 나의 약속을 다시금 떠올려 보았지. '나의 독자를 세상을 위해 내어 주어야겠다.'

> "내가 너로 여자와 원수가 되게 하고 네 후손도 여자의 후손과 원수가 되게 하리니 여자의 후손은 네 머리를 상하게 할 것이요 너는 그의 발꿈치를 상하게 할 것이니라 하시고" _창세기 3:15

다윗의 장막이 24시간 나의 이름을 노래하는 아름다운 곳이었다면, 아브라함의 장막은 죽어가는 세상을 바라볼 때 내가 느꼈던 아픈 마음을 위로해 주는 곳이었다. 소돔과 고모라 같은 세상을 향해 나와 함께 울어 주고 죽어가는 영혼을 위해 나와 함께 아파해 줄 수 있는 아브라함!

이것이 내가 아브라함을 찾아간 이유이다. 나

는 그에게 생명에서 단절되어 죽어버린 인간을 구원하기 위해 독생자를 준비하고 있음을 보여 주기로 결심했다. 그렇게 아브라함은 내가 독생자를 내어 줄 때 가장 기억났던 나의 친구가 되었다.

"그는 하나님의 벗이라 칭함을 받았나니" _야고보서 2:23

# 하나님의 삼일길

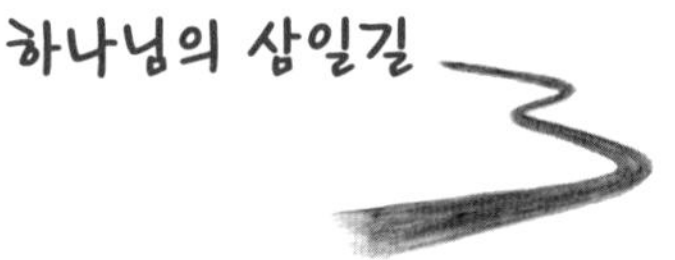

사랑 때문일까? 나는 세상을 위해 준비한 나의 독자를 내어 주는 시간이 얼마나 아프고 고통스러운지 내가 창조한 사람들이 알기를 원했다. 그래서 나는 상황을 연출했고, 나와 같은 아픔을 실제로 경험해도 여전히 나를 사랑할 수 있는 사람을 찾고 또 찾았다. 그때 내 눈에 들어온 친구가 바로 아브라함이었다.

처음 아브라함에게 찾아간 나는 "너의 독자 이삭을 데리고 모리아산으로 와서 번제물로 드리거라"고 말한 후 떠났다. 그때 내가 왜 그러한 요구를 하는지 아브라함에게 알려주지 않았었지. 나는 아브라함이 아무것도 묻지 않고 그냥 와 주기를 바랐기 때문이다. 만일 내가 어떤 이유로 이삭을 데리고 오라고 하는지 말해 주었다면 그가 나의 아픔과 고통을 제대로 이해하지 못했을 것이다. 잘 이해되지 않고 또 엄청난 아픔이 따르겠지만 끝까지 약속 장소로 오면 그때 그 이유를 아브라함에게 알려줄 생각이었다.

그런데 나의 친구 아브라함이 아침 일찍 집을 나서는 게 아닌가! 나는 아브라함의 그러한 모습을 보면서 '이 시대 많은 이가 아브라함만 같다면 얼마나 좋을까, 아브라함처럼 다 이해하지 못해도 나를 사랑하고 신뢰하는 마음으로 말씀의 자리로 나아오면 얼마나 좋을까'라는 생각을 하며 하염없이 감동했고 또 울었다.

나는 잠을 이루지 못한 채 아들을 품에 안고 밤새 눈물 흘리는 아브라함을 보았다. 그리고 그에게 다가가 '아브라함아, 네가 걸어오고 있는 삼일길은 내가 너희에게 가고 있는 삼일길이란다'라고 말해 주고 싶었지.

사랑하는 독자를 데리고 나에게 오는 것이 얼마나 고통스러웠을까? 그런데도 나를 사랑하고 신뢰하는 마음으로 약속 장소로 하루하루 걸어오는 아브라함의 모습을 보면서 나는 무척이나 기뻤다. 나는 나의 벗 아브라함의 아픔을 누구보다 잘 알고 있다. 고통을 동반한 사랑의 여정을 내가 먼저 시작했기에 누구보다 아브라함의 심정을 잘 알고 있었다. 하지만 나는 계속해서 그가 느끼는 고통을 거두지 않았다.

그렇게 하루 이틀 삼일……. 아브라함은 독자 이삭과 함께 계속해서 내게로 오고 있었다. 나는 큰소리로 아브라함에게 말해 주고 싶었다.

'아브라함아, 실은 너의 독자가 아니라 나의 독자를 너를 위해 줄 것이다. 그리고 나는 이미 나의 독자를 데리고 와서 너를 기다리고 있단다. 그리고 행여나 네가 중간에 포기하고 돌아가지는 않을까 걱정스럽기도 했었단다.'

아브라함이 포기하고 돌아간다 해도 그가 나의 자녀라는 사실은 변하지 않을 것이다. 그런데 아브라함은 시간이 지날수록 돌아가려는 마음보다 아들을 번제물로 바치고야 말겠다는 다짐을 더 분명하게 한 듯했다.

나에게 오고 있는 아브라함의 모습을 보면서 나는 나와 내 독자가 너희를 향해 걷기 시작했던 때가 떠올랐단다. 나는 인류가 범죄했을 때부터 나의 독자를 데리고 세상으로 향하고 있었다. 그리고 내가 아브라함을 만나자고 한 그 장소에서 나의 독자를 너희를 위해 내어 줄 준비를 했지. 그 시간이 나에게는 지금 아브라함이 느끼고 있을 삼일길이었다. 나의 독자를 십자가에 못 박는 그 순간까지 그 모든 기간이 나에게는 삼일길이었다.

이러한 눈물의 시간을 지금 나의 친구 아브라함이 경험하고 있는 셈이다. 그리고 그 시간을 통해 아브라함이 나의 마음에 조금씩 참여하고 있음에 나는 무척이나 감동했다. 온 마음과 열정을 다해 순종하고 있는 아브라함의 작은 몸짓 하나하나는 인류를 향한 나의 사랑의 메시지와 같았기 때문이다.

# 유일하게 고통을 느끼시는 하나님

창조주가 고통을 느낀다는 것을 상상이나 할 수 있을까! 고통이라는 낯설어 보이는 감정은 너희를 창조하고 사랑하여 내 곁에 두기로 결정한 순간부터 내가 선택한 것이다. 나는 인류가 범죄했을 때부터 나의 독자를 준비했고, 언제 어디에서 그를 너희를 위해 내어 주어야 하는지 알고 있는 유일한 존재였다. 온 우주에서 유일하게 고통을 느껴온 자는 너희를 창조한 나뿐이다. 종들과 함께 걷고 있지만 오직 아브라함만 고통을 느꼈던 이유는 언제

어디에서 자기의 독자를 번제물로 드려야 하는지 알고 있는 유일한 사람이었기 때문이다. 누가 이러한 아브라함의 고통과 눈물에 참여할 수 있고 그것을 대신할 수 있다는 말인가! 그렇게 아브라함은 고스란히 모든 아픔과 고통을 홀로 감당하고 있었다. 그리고 나 역시 마찬가지였지.

나는 온 우주에서 유일하게 고통의 눈물을 흘리며 걸어온 하나님이다. 나는 이러한 시간이 후회되어 생색을 내는 것이 아니다. 단지 나는 내 자녀들이 얻은 구원의 은혜가 얼마나 크고 무거운 것인지 깨달았으면 하는 바람이다.

나는 너희를 얻기 위해 오랜 역사와 기간을 달려온 하나님이다. 너희를 얻기 위해 흘려야 할 눈물이 있다면 충분히 흘릴 것이다. 너희를 얻기 위해 느껴야 할 고통이 있다면 충분히 느낄 것이다. 나는 이 모든 것을 각오하며 너희를 사랑했다.

나는 너희를 얻기 위해 아브라함이 걸어왔던 삼일길과 같은 시간을 지나왔다. 너희를 얻을 수 있다면 수천수만 번의 삼일길도 반복해서 걸을 수 있단다. 너희의 부족함을 모두 알고도 너희를 사랑한 나는 모든 것을 다 알고 있는 전지한 하나님이다. 모든 것을 알고 있다는 것은 홀로 아픔을 체감하는 존재라는 의미이다. 너희가 믿는 하나님인 나는 그런 하나님이다.

# 아브라함은 반드시 약속 장소에 온다

처음 아브라함에게 독자 이삭을 데려오라고 했을 때 나는 이미 나의 독자를 데리고 먼저 와 기다리고 있었단다. '내 친구 아브라함은 반드시 온다. 반드시 온다'라는 사랑의 믿음을 가지고 나는 그를 기다리고 또 기다리고 있었다. 아브라함에게 그 삼일길은 너무나도 외로운 고통의 시간이었음을 잘 안다. 어쩌면 삼일길은 그의 마음이 새까맣게 타버린 시간이었을 것이다. 그렇게 나는 조마조마하게 아브라함을 지켜보고 있었다. 아브라함이 깊은 고민을 할 때마다 성령을 그에게 보내어 내가 해 주었던 약속을 상기시켜 주면서…….

> "보혜사 곧 아버지께서 내 이름으로 보내실 성령 그가 너희에게 모든 것을 가르치고 내가 너희에게 말한 모든 것을 생각나게 하리라" _요한복음 14:26

마지막 날 밤을 지새우고 날이 밝은 후 아브라함이 종들에게 "너희는 여기서 기다려라. 나와 아들 이삭만 저기 가서 하나님을 예배하고 다시 너희에게로 돌아오겠다"라고 하는 말을 들었다창 22:5. 그리고 "아버지, 번제에 쓸 나무는 있는데 제물은 보이지 않아요"라고 질문하는 아들을 향해 "하나님께서 당신을 위해 친히 준비하고 계시단다"라고 말하는 아브라함의 고백도 들었단다창 22:7-8.

아브라함의 그 고백은 내 마음에 큰 감동이었고 큰 위로로 다가왔단다. 마치 이 모든 것을 기획한 나의 의도를 알고 있는 것만 같았지. 그리고 아브라함은 아무 말도 해 주지 않은 나를 원망하지 않고 끝까지 예배하는 마음으로 와 주었다.

나를 향한 아브라함의 사랑을 보고자 했던 그 시간을 아브라함은 나를 예배하는 시간으로 여기고 있었던 것이다. 나는 내 자녀들을 유혹하거나 미혹하지 않는다. 그런데 안타깝게도 많은 이가 내가 주는 시험을 불쾌하게 여기거나 불평으로 일관할 때가 있다. 그런데 아브라함은 내가 주는 시험을 예배로 여기고 있는 것이 아닌가! 아브라함은 시험을 통과하러 내게 오는 것이 아니라 나를 예배하기 위해 오고 있었던 것이다.

나는 모리아산에서 아브라함과 대면할 생각에 심장이 뛰기 시작했다. 그가 정말 삼일길을 지나서 내가 기다리고 있는 약속의 장소에 거의 다 왔기 때문이지. 이제 아브라함은 내가 자기를 포함해 인류를 위해 무엇을 준비하고 있는지 보게 될 것이다. 돌이켜 보면 인류 역사 가운데 나의 독자를 데리고 와서 기다리는 창조주의 모습을 믿음을 가지고 본 인류가 몇 명이나 될까…….

많은 이가 끝까지 와서 내가 자신들을 위해 준비한 것을 보지 못할 때가 많았다. 보지 못하고 중간에 돌아가 버린 자녀가 얼마나 많았는지……. 그런데 아브라함은 온 인류를 위해 준비하고 있는 나의 사랑과 마음을 보기 위해 끝까지 걸어오고 있다.

## 내 독자를 내어 줄 테니

나는 약속 장소까지 온 아브라함이 보지 못하도록 잠깐 숨어 있었단다. 그런데 아브라함은 아랑곳하지 않고 아들 이삭을 결박하더구나. 내가 나의 독자에게 취할 행동을 그가 하고 있었던 것이다. 나의 친구 아브라함이 하는 그 모든 것이 내게는 사랑이었고 큰 감동이었다. 나는 '이쯤 하면 충분하다'라고 생각했다. 왜냐하면 처음 아브라함을 찾아가 이곳에서 만나자고 했을 때 내가 기대했던 그 이상을 아브라함이 보여 주었기 때문이다.

나는 "시간아, 멈추어라"고 명령했다. 그리고 나의 종 천사에게 칼을 들어 아들을 번제물로 바치려는 아브라함의 손을 급히 붙잡도록 했다. 이후 나는 아브라함에게 내가 준비한 독자를 보여주었고 아픈 삼일길을 지나 이곳에서 만나자고 한 의도를 성령을

통해 깨닫게 해 주었단다. 아브라함은 그제야 모든 것을 알아차린 듯했다. 그의 두 눈에 고인 눈물을 보며 나도 함께 울었었지. 그날 나는 아브라함의 독자가 아니라 내가 준비한 나의 독자를 결박하여 번제물로 삼았다.

나는 아브라함이 걸어온 아픈 삼일길의 이야기를 통해 "사랑하는 나의 자녀들아, 나는 너희에게 있는 소중한 것을 빼앗아 가는 하나님이 아니다. 너희의 독자를 원하는 하나님은 더더욱 아니란다. 오히려 나는 너희를 위해 나의 독자를 내어 주는 하나님이다. 다만…… 다만…… 나는 너희가 내 품에 있는 독자가 내게 얼마나 귀한 존재인지, 그 독자를 내가 나의 생명보다 더 소중히 여기고 있다는 것을 너희에게 말해 주고 싶었다. 그리고 내가 너희를 위해 독생자를 준비하는 동안 얼마나 많은 아픔과 사랑의 눈물을 흘렸는지 너희가 알길 바랐단다. 너희를 위한 구원은 값없이 주어진 나의 선물이지만, 그 선물은 나의 모든 것이 지불된 소중한 것이라는 사실을 너희가 깨닫길 바랐다"라고 너희를 향해 말해 주고 싶었던 것이다.

그렇지만…… 너희가 아브라함처럼 내 마음을 다 몰라 주어도 나의 독자를 너희를 위해 내어 줄 것이다. 너희를 향한 나의 사랑을 다 몰라 주어도 너희를 구원하기로 한 내 선택에 후회는 없단다.

## 이래도 모르겠니

독생자를 안고 골고다 언덕을 오를 때 내가 흘렸을 눈물을 상상해 보았느냐! 나의 독자를 매달아 둘 나무 십자가를 준비할 때 느꼈을 나의 고통을 상상이나 해 보았느냐! 나무에 매달려 있는 나의 독자를 바라보아야 하는 나의 아픔을 너희는 오랜 시간 생각해 본 적이 있느냐!

나는 아브라함이 경험했던 삼일의 기간보다 더 오랜 기간 독자를 안고 너희를 구원하기 위해 걷고 또 걸어왔단다. 삼일길을 꼬박 한숨도 자지 못하고 사랑하는 독자를 태울 나무를 짊어지고 왔던 아브라함의 모습은 독생자 예수를 못 박을 나무를 지고 너희에게 한 걸음씩 다가왔던 나의 모습이었단다.

삼일간 아브라함이 잠을 잘 수 있었겠느냐! 독생자를 내어 주는 순간까지 하나님인 내가 맘 편히 쉴 수 있었겠느냐! 결코 그럴 수 없었단다. 삼일의 여정은 아브라함의 마음을 번제물처럼 새까맣게 태워 버렸을 것이다. 새까맣게 타 버린 그의 마음은 꼭 내 마음과 같았을 것이다.

너희는 그것을 아느냐! 나의 독자 예수를 너희를 위해 죽이려면 성부인 나의 마음이 먼저 번제물로 다 태워져야 한다는 것을 말이다. 독자를 못 박기 전 모든 역사는 나에게 삼일길과 같았다. 예수를 너희에게 주기 전 이미 나는 내 모든 것을 너희에게 주었단다.

나뭇가지에 뿔이 묶여 움직이지 못한 숫양은 하나님인 내가 준비할 독생자의 모형과 같다. 나는 십자가에서 나의 독생자를 매달아 움직이지 못하게 할 것이다. 그리고 나는 너희의 죄를 다 씻

어내기 위해 그 십자가에서 나의 독자를 못 박고야 말 것이다. 모리아산에서 아브라함이 보았던 장면은 너희를 구원하기 위해 나무 위에서 나의 독생자 예수를 어떻게 못 박을 것인지 알려주는

예고편과 같다. 아브라함처럼 너희도 나의 이 마음을 볼 수 있었으면 좋겠구나!

나는 지금도 약속의 자리에서 너희를 기다리고 있단다. 아! 얼마나 많은 자녀가 오랜 시간 약속 장소에 나를 홀로 두는지 모르겠구나.

사랑하는 나의 자녀들아, 조금만 더 힘을 내어 약속의 장소까지 와서 내가 너희를 위해 준비하고 있는 것을 모두 보았으면 좋겠구나. 나는 아브라함처럼 너희가 올 것을 기다리고 있단다. 내가 항상 너희보다 먼저 와 있음을 기억하려무나!

# 아브라함의 마지막 이야기

하나님은 내가 75세 되는 날 찾아오셨다. 그리고 100세에 아들 이삭을 주셨다. 나는 175세에 나그네길을 마치고 본향으로 돌아갔다. 하나님께서 처음 내게 찾아오신 날로부터 나는 이 땅에서 100년의 세월을 더 보낸 것이다.

하나님은 내가 아들 이삭과 함께 삼일길을 걸었던 사건 이후 더는 나의 이야기를 성경에 기록하지 않으셨다. 삼일길을 걸었던 시간에 비하면 더 오래 살았는데도 말이다. '더 많은 간증이 있고, 더 많은 하나님의 이야기를 들려줄 수 있지 않았을까'라고 생각하는 이들이 혹 있지 않을까 싶다.

우리를 이 땅에 보내신 분은 하나님이시다. 아주 잠시 이 땅에 발을 딛고 살 수 있게 하신 분도 하나님이시다. 하나님은 그렇게 이 땅으로 보냄을 받은 자들이 세상에서 당신의 이야기를 각자의 인생이라는 시간 속에서 아름답게 써 내려가기를 원하신다. 아벨은 아벨대로, 에녹은 에녹대로, 모세는 모세대로 그리고 나 아브라함은 아브라함대로 말이다.

하나님은 나의 이야기를 통해 죄인 된 우리를 구원하기 위해 성부 하나님께서 얼마나 많은 사랑의 수고와 눈물을 흘렸는지 들려주길 원하셨다. 나에게 삼일길을 걷도록 하시고 눈물과 고통과 깊은 슬픔을 겪게 하시면서까지 하나님은 당신의 마음을 당신의 자녀들에게 알려주고 싶으셨던 것이다.

성경은 하나님 아버지의 눈물 자국으로 쓰였다. 성경은 하나님 아버지의 표현할 수 없는 사랑의 수고와 눈물의 역사이다. 감사하게도 나는 하나님께서 나를 통해 이 땅에 들려주고자 하셨던 당신의 이야기를 다 들려주고도 아주 조금 시간이 더 남은 행운아였을 뿐이다.

많은 성도가 하나님께서 주신 시간을 통해 그분의 이야기가 아닌 자신의 이야기를 써 내려가려고 한다. 안타까운 일이다. 나와 성경에 등장하는 많은 믿음의 사람의 공통된 특징이 있다. 그것은 하나님께서 그들을 통해 당신이 들려주고자 하시는 저마다의 이야기를 그들 모두가 성실하게 들려준 이후 세상을 떠났다는 사실이다.

내가 이삭을 드리는 사건 이후 성경의 무대 뒤로 서서히 퇴장한 이유는 하나님께서 나를 통해 세상에 들려주고자 하셨던 메시지가 끝났기 때문이다. 나와 같이 모든 성도가 자신을 통해 들려주고자 하시는 하나님의 이야기를 성실하게 들려준 이후 삶의 무대에서 내려올 수 있다면 얼마나 좋을까…….

인생은 얼마나 오래 사느냐 보다 하나님의 메시지를 담아내는 자로 살았느냐가 더 중요하다.

# 하나님의 마지막 이야기

"우리가 아직 죄인 되었을 때에 그리스도께서 우리를 위하여 죽으심으로 하나님께서 우리에 대한 자기의 사랑을 확증하셨느니라" _로마서 5:8

나는 내 자녀들이 나를 향해 "하나님은 정말 저를 사랑하시나요?"라는 질문을 할 때마다 마음이 먹먹하다. 많은 자녀가 나의 사랑을 각자가 원하는 것이 충족되는 상황들을 통해 확인하고 싶어 하는 것 같다. 그러나 내가 너희에게 할 수 있는 최고의 사랑 표현은 이미 보여 주었다. 그것은 바로 십자가이다. 나는 너희를 구원하기 위해 내 품에 있던 독생자 예수를 삼일길을 걸어와 내어준 하나님이다. 십자가보다 더 큰 사랑은 없단다. 십자가보다 내가 너희에게 보여 줄 수 있는 더 크고 확실한 사랑은 없단다.

나는 독자를 데려온 아브라함에게 "이제야 네가 나를 경외하고 사랑하는 줄 알았다"라고 얘기했었지. 아브라함이 독자를 번제물로 바치려고 했을 때, 내가 그의 손을 급히 잡으며 했던 말을 너희는 성경의 기록을 통해 기억할 것이다. "그 아이에게 네 손을 대지 말라 그에게 아무 일도 하지 말라 네가 네 아들 네 독자까지도 내게 아끼지 아니하였으니 내가 이제야 네가 하나님을 경외하는 줄을 아노라"창 22:12 어떤 이들은 이 말을 통해 이렇게 질문할지도 모르겠구나. "하나님은 꼭 독자를 데리고 와서 번제물로 바치기까지 순종해야만 당신을 사랑하고 경외하는 것을 아시는 분입니까?"라고.

나의 말을 마음을 열고 생각해 보길 원한다. 나는 아브라함의 독자를 나무 제단 위에서 죽게 하지 않았다. 그러나 너희를 위해 나의 독자는 십자가 위에서 죽게 했다. 독자 이삭을 내게 데려온 아브라함을 향해 "이제야 네가 나를 경외하는 줄을 알겠다"라고 한 말에 담긴 의미를 다시 한번 천천히 생각해 보겠니? 이 말은 '삼일길을 걸어 나의 독자를 데려와 너희에게 주었는데 이래도 내가 너희를 사랑하는 줄 모르겠느냐? 나는 너희를 구원하기 위해 내 품에 있는 독생자 예수를 너희가 있는 땅에 보내 주었고 십자가에 매달아 죽게 했다. 이래도 정녕 내가 너희를 사랑한다는 것을 모르겠느냐?'라는 의미란다.

나의 독자를 너희를 위해 내어 주었는데도 얼마나 많은 이가 "하나님, 정말 저를 사랑하기는 하시는 겁니까? 저를 사랑하신다면 어떻게 이럴 수 있습니까?"라는 말을 하고 있다. 독자를 내어 주었는데 아직도 부족하고 아직도 모르겠다고 말하고 있는 것이다.

나는 너희가 십자가를 보면서 너희를 향한 나의 사랑을 같이 볼 수 있었으면 한다. 그리고 너희를 얻기 위해 걸어온 성부의 삼일길 여정과 열정을 볼 수 있었으면 좋겠다. 다 이해할 수도 없고 또 이해되지 않아도 '독생자를 내어 주실 만큼 나를 사랑하신 분이라면 하나님은 여전히 내게 선하시고 나를 사랑하시는 분이다'라고 믿었으면 좋겠구나!

십자가 안에는 예수의 생명과 더불어 삼일길을 걸어오다 독자보다 먼저 타 버린 나의 심장이 담겨져 있단다.

십자가는 내가 너희에게 줄 수 있는 최고의 사랑이라는 것을 또 한 번 말해 주고 싶구나! 수많은 삼일길을 걷고 걸어서 너희에게 보여 준 나의 사랑, 너희 아버지의 사랑 말이다.

# 닫는 글

아브라함은 범죄한 인류를 구원하기 위해 하나님께서 어떤 사랑의 수고를 하셨는지 온몸으로 보여 준다. 이해하기 힘든 시험을 예배로 화답한 믿음의 사람인 것이다. 아브라함은 아들을 번제물로 드리려면 아비의 마음이 먼저 검게 타야만 한다는 것을 삼일의 시간을 걸으면서 경험하게 된다. 그리고 아비의 마음이 먼저 번제물로 드려진 삼일의 시간은 우리에게 독생자를 데리고 오신 하나님 아버지의 마음이었다.

이 사건에서 삼위 하나님께서 하신 놀라운 콜라보를 보라!

성부 하나님은 우리를 구원하시기 위해 독생자를 안고 우리에

게 오신다. 그 과정 가운데 성부 하나님의 마음은 새까맣게 타버렸을 것이다. 독생자를 내어 주기 전 성부 하나님이 먼저 우리에게 주신 바 되었다. 성자 예수님은 성부 하나님의 손에 자신을 온전히 내어 맡기신다. 능력과 권위가 있음에도 그분은 십자가에서 우리를 위해 아낌없이 모든 것을 다 주셨다. 그리고 성령 하나님은 이 모든 것을 아브라함이 볼 수 있도록 약속의 말씀을 상기시켜 주신다. 우리의 구원은 이처럼 삼위 하나님의 사랑의 콜라보로 주어진 것이다.

삼위 하나님은 당신이 하실 수 있는 모든 것을 다해 우리를 사랑하셨다. 그런데도 세상은 여전히 하나님의 사랑에 대해 의심하고 때로는 불평한다. 하나님께서 아브라함에게 하셨던 말씀 중 "이제야 네가 하나님을 경외하는 줄을 아노라"창 22:12라는 메시지는 예수 그리스도가 십자가에 못 박히신 사건을 보고도 여전히 하나님의 사랑을 의심하고 또 불평하는 이 시대 모든 교회와 성도에게 던지는 하나님의 질문이라 생각된다.

예수님께서 고난받는 시간 성부 하나님은 함께 고난을 받으셨다. 성령 하나님은 그 아픔에 우리를 참여시키신다.

독생자를 우리에게 내어 주신 하나님 아버지의 사랑, 그리고

기꺼이 우리를 위해 십자가를 지신 예수 그리스도의 은혜, 나아가 세상 길 걸어가는 동안 나를 향한 하나님의 사랑을 날마다 상기시키는 성령님의 인도하심이 이 글을 읽은 모든 분에게 함께하길 간절히 소원한다.

# 삶 일 길

**초판 1쇄 발행** | 2023년 2월 15일

**지은이** | 김현
**발행처** | 마음지기
**발행인** | 노인영
**기획 · 편집** | 하조은 · 이연호
**디자인** | 문영인
**일러스트** | 김아린

**등록번호** | 제25100-2014-000054(2014년 8월 29일)
**주소** | 경기도 화성시 효행로 1337-26(반월동) 102동 1703호
**전화** | 02-6341-5111 **FAX** | 0504-407-9149
**이메일** | maum_jg@naver.com



ISBN 979-11-86590-35-5 03230

마음지기 마음지기는 여러분의 소중한 꿈과 아이디어가 담긴 원고 및 기획을 기다립니다.

**마음지기는**

성공은 사람을 넓게 만듭니다. 그러나 실패는 사람을 깊게 만듭니다. 마음지기는 성공을 통해 그 지경을 넓혀 가고, 때때로 찾아오는 어려움을 통해서 영의 깊이를 더해 갈 것입니다. 무슨 일에든지 먼저 마음을 지킬 것입니다.
높은 산꼭대기에 있는 나무의 뿌리가 산 아래 있는 나무의 뿌리보다 깊습니다. 뿌리가 깊기에 견고히 설 수 있습니다. 마음지기는 주님께 깊이 뿌리내리고 그 어떤 상황에서도 주님을 찬양할 것입니다.
"하나님과 가까이 교제하고 교감하는 사람은 그렇지 못한 사람보다 더 행복하다"라고 마시 시머프는 말했습니다. 마음지기는 하나님과 교감하고 교제하기 위해서 하루 24시간을 주님과 동행할 것입니다.

—— **"모든 지킬 만한 것 중에 더욱 네 마음을 지키라 생명의 근원이 이에서 남이니라" 잠언 4:23**